Yoo Ja-Hyo

시인 유자효

여행의 끝

여행의 끝

지은이 | 유자효
펴낸이 | 설보혜
펴낸곳 | 시학 Poetics
1판1쇄 | 2007년 10월 30일
1판2쇄 | 2007년 12월 25일
출판등록 | 2003년 4월 3일
주소 | 서울 종로구 명륜동1가 42
전화 | 744-0110
FAX | 3672-2674

값 8,000원

ISBN 978-89-91914-34-6 03810

* 저자와의 협의에 의해 인지를 생략합니다.
* 잘못된 책은 바꾸어 드립니다.

유자효 시집

여행의 끝

시학
Poetics

■ 시인의 말

회갑을 맞았다.
지난해 출판한 『성자가 된 개』 이후 쓴 작품 가운데 60편을 묶었다.
60은 한 갑년을 돌아나온 나의 나이를 뜻한다.
그동안 살아온 60년은 교육받은 27년, 그리고 사회적으로 활동한 33년이었다.
나는 방송인으로 살았다.
그 시간은 외형적 삶에 치중한 기간이었다.
이제 나는 30여 년의 여행을 끝내고 나의 내면으로 관심과 시선을 옮기려 한다.
그래서 시집의 제목을 '여행의 끝'으로 했다.
이 시집은 나의 10번째 시집이 된다.
이것으로 일단 내 시업을 중간 정리해 본다.
나는 시가 내 삶의 장식이라고는 생각하지 않았다.
절실한 외침이 나의 시였다.
앞으로 어떤 길을 걸으며 어떤 시를 쓰게 될까?
나도 기대하는 바 크다.

2007년 9월 13일(음력)
유 자 효

차 례

- 시인의 말
- 작품 해설 | 문흥술

제1부 어려운 질문

어디일까요 13
사랑의 실체 15
추억 16
사랑합니다 17
어려운 질문 18
아침 식사 19
젊은 어머니 20
불면 21
못 22
상처 23
고백 24
여름 25
칼 26
60세 27
명줄 28
회갑 29
부부 30
천도재 31
그 여인 32
풍경 34

제2부 룩소에서의 하루

공항　37
연어　38
무스　39
태고의 빛　40
빙하　41
겨울, 알래스카　42
야생화　44
샹그릴라　45
몽골 기행　48
몽골의 말　49
아우터뱅크스로 간다　50
양동 매화　51
산음山吟　52
사자의 죽음　53
룩소에서의 하루　55
룩소에서　56
낙타　57
나일의 신　59
이집트 기행　60
여행　61

제3부 성스러운 뼈

시 65
상상력에 대하여 66
성스러운 뼈 67
내 곁에 오신 부처 68
사라진 시 69
강아지 71
울음 72
여름 73
축구 74
설종보의 그림 75
한영애의 굿 76
형제 77
할미꽃 79
허수경의 감귤 농사 81
노래 불러 주는 남자 82
지하철 83
봉변 84
영정 85
사랑 노래 86
설일雪日 87

제1부
어려운 질문

어디일까요

남들이 도저히 찾을 수 없는 곳에
나만이 아는 곳에 간직해 주마
내가 가장 잘 약속을 지킬 수 있는 곳에
전쟁이 일어나도 파괴할 수 없고
그 어떤 폭력으로도 훔칠 수 없는
우주에서 가장 안전한 곳에 간직해 주마
나를 믿으면
절대로 나를 믿으면
조금도 염려하지 않을 곳으로 데려가 주마
가난해도 좋고
병약해도 좋고
늙어도 좋다
그 어떤 힘과 권력이 위협한다고 해도
세상의 부가 사려고 해도
심지어 시간의 횡포로써도
도저히 빼앗아 갈 수 없는 곳에 간직하고 있으마
나는 너를 볼 수 있다
언제나 보고 싶을 때 너는 내 앞에 떠오른다

그 신비의 기억 속에 너를 간직하마
소중한 이여

사랑의 실체

사랑한다면서 아프게 하고
사랑한다면서 울리고
사랑한다면서 괴롭히는
사랑의 실체는 무엇입니까

추억

그 부름을 어찌 잊을 수 있으랴
그 비명을 어찌 잊을 수 있으랴
그 울음을 어찌 잊을 수 있으랴
그 절망을 어찌 잊을 수 있으랴
그 고통을 어찌 잊을 수 있으랴

내가 이 세상을 떠날 때 그 부름, 그 비명, 그 울음,
그 절망, 그 고통이 나와 함께 갈 수 있을까
 갈 수 있을까

사랑합니다

절망에 찬 울음
나는 당신을 사랑합니다
견디기 힘든 고통
나는 당신을 사랑합니다
가누지 못하는 연민
나는 당신을 사랑합니다
일상이 돼 버린 불면
나는 당신을 사랑합니다
내 병을 똑같이 앓으시는
당신을 사무치게 사랑합니다

어려운 질문

잠자리에 누워 있는데
아내가 가만히 속삭였다
'우리 이렇게 살다 죽으면 억울해서 어쩌지?'
나는 아내의 손을 가만히 잡아 줄 뿐
아무런 말도 할 수 없었다

가을이 이슥한 어느 밤이었다

아침 식사

아들과 함께 밥을 먹다가
송곳니로 무 조각을 씹고 있는데
사각 사각 사각 사각
아버님의 음식 씹는 소리가 들린다
아 그때 아버님도 어금니를 뽑으셨구나

씹어야 하는 슬픔
더 잘 씹어야 하는 아픔

젊은 어머니

어머니
이제는 나보다 젊은
어머니

부모 없어도 자식은 너무나 잘 산다는 것을
온갖 짓 다하며 산다는 것을
뻔뻔스레 증명한 기간이었다
지난 세월은

어머니
이제는 나보다 젊은
나의 어머니

불면

아내는 깊이 잠이 들었다
엄습하는 고독과 불안
아내는 잠이 깨어 화장실에 다녀왔다
안도와 염려
"잠 못 자는 건 하나로 족해
잠을 자"
다시 잠드는 아내
다시금 엄습하는 긴 고독과 불안
돌아눕고 돌아눕다
하얗게 지새는 밤

못

자식은 부모 가슴에 못을 박는다
부모가 돌아가시면 그 못은 빠져
어느새 자식의 가슴에 와서 박힌다
그 못이 삭아갈 때쯤 자식의 자식이 다시 못을 박는다

우리는 늘 가슴에 못 하나 박히며 산다

상처

스무 살 때 입은 상처를
예순 살에야 치유할 수 있었으니
40년이 걸렸구나
상처 하나 아무는 데에
이렇게 더디다니
무수한 피딱지를 등에 지고 떠나겠구나
나는

고백

60년 동안
시는 나의 변명이었다
위장이었다

마침내 백일하에
그 빈약한
실체가 드러난
내 가엾은 인생

여름

매미야 매미야
너는 자꾸 울어쌓고
지루한 한여름
해는 기울지 않고
헐떡이며
숨 헐떡이며
돌아온
안타까운 날
흐르는 땀 속에
눈물처럼 떠오르는
"아, 잘못 살았구나"
매미야 매미야
너는 자꾸 울어쌓고

칼

아직도 무뎌지지 않는 칼끝
불쑥 그 날을 드러낸다
아서라
제대로 휘둘러 보지도 못한 채
무수한 상처만 입었거늘
아직도 제대로 감추지 못하다니
60도 넘긴 이 나이에

60세

60은
어느 날 갑자기 당황하는 나이
기막혀 하다가
'아직은 괜찮아'
스스로를 달래는 나이
60은
화려함과는 이별하는 나이
은퇴라는 말이 주는 아늑함에
친숙해지기 시작하는 나이
그러나 60은
아직도 꿈꿀 줄 아는 나이
여인의 알 배긴 종아리를 바라보며
엉뚱한 꿈도 꾸지만
이내 포기할 줄 아는 나이
얼마나 고운 나이인가
남자는 더욱 남자답고
여자는 더욱 여자다워지는
벼 이삭처럼 머리가 숙여지기 시작하는 나이
60은

명줄

명줄이 앵앵 울면서 날아다닌다
어느 게 내 명줄인지 모르겠다
어느 날 불현듯 내 목을 감아들면
그것이 내 명줄이다
회갑이 지나니
날아다니는 명줄이 보이기 시작한다

회갑

꽃밭 같은 세상에서 60년을 살아 보니
꽃이었던 40년
꽃을 가꾼 20년
이제는 꽃을 보면서 행장이나 여밀까

내 평생 써 온 글이 이제 보니 종이 한 장
그나마 지우고 지워 남은 건 글자 몇 자
그마저 버리고 나니 텅 빈 시간 60년

부부

일부다처이건, 일처다부이건
그들이 가슴에 묻어둔 사랑은 있었다
단지 표면적으로 공평한 척했을 뿐이다
남에게 들키지 않고
용케 그들끼리만 간직해 온
피눈물나는 사랑이
그들에게는 있었다

그래서 세상은 마침내 일부일처를 택한 것일 뿐
언제나
사랑하는 이들만의 것이
정녕 사랑이었다

천도재

예순 살이 되면서
할머니와 외할머니를 자주 뵙는다
그들은 내 집에 와서 한참을 놀다 가신다
생전처럼
우리 집 살림을 별로 간섭하지도 않고
그저 즐겁게 놀다 가신다
몸과 마음이 허한 날
온갖 잡귀들이 난무하는데
그래도 할머니와 외할머니가 들르신 날은
잡신들이 얼씬 못한다

천도재를 올릴 때가 됐나 부다

그 여인

모처럼
양복이며
넥타이며
차려입고
광화문 네거리를 내려가는데
문득 눈에 띄는
그 여인
삼십 년 만인가
사십 년 만인가
양장에
손가방을 들고
신호를 기다리던
그 모습은
아직도 예전과 다를 바 없고
고생은 없었는지
화장기 없는 얼굴에
무언가 골똘히 생각하다가
신호가 바뀌자

황황히 길을 건너던
가냘픈 어깨 뒤로
내리던 노을
어떻게 살았는지
물어보지 않아도
신산했던 그 세월
옛날과 똑같은 걸음걸이로
인파 속에 묻혀 가던
삼십 년 만인가
사십 년 만인가
이 거대한 도시 속에서
아무런 기약도 없이
멀리
힘없이 무너져 가던
작은 그림자
그 여인

풍경

일흔여섯에
서른여섯 살짜리 딸을 시집보내는
선배의 결혼식장에는
과거가 모여 있다
어느새 그렇게들 늙어 버렸는지
백발들이
백발들을 반가워한다
그 팽팽하던 젊은이들이
패기 대신
걱정이 많아진
신중함과 배려와 보살핌으로
한 저녁 잘 먹고
우산들을 챙기고
장대비 내리는
밤 거리에 나선다

마음 놓고 늙어 버린
나의 선배들

제2부
룩소에서의 하루

공항

지분 냄새 나는 걸 보니
면세점이구나
아내에게 줄 화장품 몇 점 고르며
여행이 시작된다
곁에 있을 때는 무심하다가
떨어지면 언제나 애틋한 그녀

내가 망하는 것은 견딜 수 있으나
너의 꿈이 무너지는 것은 견딜 수 없다

연어

도약
다시 도약
끊임없는 시도
떼지어 줄지어
몸이 으깨어지는 시도 뒤에
마침내 폭포 위로 뛰어오른 연어는
알을 낳고 사정하고 이내 죽는다
알에서 깨어난 새끼는
부모를 먹고 자란다

저 거룩한 본능

무스

알래스카에서는 철로변에서 죽은 거대한 무스들이 가끔 발견된다

거대한 왕관을 쓴 무스가 철로변을 걷다가 열차가 달려오는 것을 보면 뿔을 곤추세우고 응전 태세를 갖춘다

기관사가 아무리 경적을 울려도 꿈쩍 않고 기다리고 있던 무스는 마침내 열차에 부딪쳐 온몸이 갈기갈기 찢어지는 최후를 맞는다

용감하나 무모한 수컷

태고의 빛

태고의 빛은 푸른 빛이었다
하얀 빛 속에 숨어 있는 푸른 빛이었다
한여름에도 녹지 않는
알래스카의 빙하
보았다
수줍게 모습을 드러낸
태고의 빛
시간도 혹독한 추위에는
푸르게 얼어붙어
푸른 보석이 된다는 것을
알래스카에서 보았다

빙하

 굉음과 함께 바다로 떨어져 내리는 빙하의 덩어리들을 보며
 빙하 위에서 살아가는 지렁이들을 보며
 얼음 조각이 떠도는 바다에 드러누워 함께 떠도는 해달을 보며
 키 작은 한대 식물을 보며

 추울수록
 강하게
 더욱 강하게

겨울, 알래스카

이 땅에서 죽어간 인디언들의 원혼처럼
극광이 무섭게 너울대던 밤
그는 개썰매를 타고 눈 덮인 길을 떠났다
이 혹독한 계절에
그는 무사히 목적지에 당도할 수 있을까
가장 가까운 에스키모 마을까지도 하루 밤낮을 가야
하는데
아무도 그를 도울 수 없다
오직 그와 함께 떠나는 몇 마리의 개들 뿐
북국에서는 그렇게 살아왔다
누구의 동정도 기대할 수 없고
조금의 방심도 허용되지 않았다
문명의 물결이 원시의 삶을 밀어냈지만
이 혹독한 계절에는 방법이 없다
그가 무사하기를 기다리자
엄혹한 세계에서 일어났던 무수한 기적처럼
그래서 인류는 살아남았던 것처럼
우리는 그가 에스키모들을 만나고 그들의 도움을 받고

우리의 곁으로 돌아오기를 기도하자
언제, 어디에나 선의를 가진 사람들은 있었으므로

야생화

고상돈, 이일교의 추모비가 서 있는 타키트나 묘지의 야생화들
한여름 두 달 동안 꽃피었다가 이내 시드는
그러나 땅 속에서 겨울을 나는 알래스카의 야생화처럼
그들의 시신은
어느 얼음 밑에서
썩지 않고
자연의 한 부분이 되어 있을까
해발 6천 미터
매킨리 봉을 등정하는
한국 산악인들의 수호신이 되어 있을까
고상돈, 이일교의 추모비가 서 있는 타키트나 묘지의 야생화들은
매킨리의 바람 속에도 꺾이지 않고
꿋꿋하게 작은 얼굴을 내밀고 있다
매킨리가 키우는 꽃들

샹그릴라

샹그릴라에 다녀왔다
비행기 국제선으로 세 시간
국내선으로 두 시간
자동차로 네 시간
걸어서 두 시간 만에
샹그릴라로 알려진 산골 마을에 당도했다
중국 정부가 총력을 기울여 전설 속의 낙원을 찾아냈다는 가이드의 설명 뒤로
마을은 기암괴석과 안개 속에 묻혀 있었다
비경
비경이었다
샹그릴라에는 노인들이 살고 있었다
바싹 여위고 검게 그을은 노인들이 큰 모자를 쓰고 이방인들을 맞았다
샹그릴라의 젊은이들은 어디로 사라진 것일까
가이드는 샹그릴라의 물은 마시지 말라고 했다
생수만 사 마시라고 했다
나무로 얼기설기 엮어진 방갈로에 들어서니

자연과 내가 하나된 듯했다
역시 샹그릴라였다
그런데
화장실은 공동으로 쓰는 거였다
널빤지를 딛고 쪼그리고 앉아 변을 보는데 칸막이가 없어서 서로 바라보며 큰일을 치러야 했다
그날 이후 샹그릴라를 벗어날 때까지
내 속은 탈출을 갈구하는 삭혀진 음식물들의 반란으로 불안과 초조의 연속이었다
며칠간의 트래킹과 송어 낚시의 뒤
우리는 마침내 비경을 떠났다
걸어서 두 시간
자동차로 네 시간
국내선으로 두 시간
국제선으로 세 시간 만에
마침내 집에 도착할 수 있었다
문을 여니 아내가 해사하게 웃으며 맞았다
"샹그릴라, 샹그릴라 하더니 그렇게 좋았어?"

아내의 물음에 대답할 틈도 없이
나는 화장실로 직행했다
샹그릴라에서의 묵은 변을 시원하게 쏟아내면서
내 집이 샹그릴라보다 낫다는 생각을 했다
해외여행 중에 묵은
싱가폴의 샹그릴라 호텔은 풍요롭고 호사로웠다
편안한 낙원의 재현이었다
지상의 샹그릴라는 그래야 했다
샹그릴라의 원형은 이 세상에는 없는 것이 아니었을까
막연한 인간의 꿈을 그린 것이 아니었을까
내가 보고 온 것은
무리한 인간의 욕망이 찾아낸 낙원의 허상은 아니었을까

몽골 기행

초원에서 태어나
초원을 누비며 살다 죽어간 사람들은
한 줌 재로 변해
초원으로 돌아간다
그들은 고향으로 돌아갔으니 슬퍼할 것은 없다
돌아갈 고향이 있는 자들은 행복하다
초원에는 태고의 바람이 불고
천년 전과 다름없이
사람들과 짐승들이 어울려 살고 있었다

몽골의 말

몽골에서 나를 잠시 잔등에 얹었던 말은
이 겨울을 어떻게 나고 있을까
망아지를 갓 벗은
어린 눈망울을 굴리며
눈보라에 몸을 내맡기고 있을까
그의 잔등과
나의 엉덩이 사이에 흐르던 온기가
테를지와 서울의 거리 사이에서
잠시 전류처럼 흐를 것인가
벗은 몸으로
이방인을 등에 태우고
파르르 떨던
망아지를 갓 벗은 몽골의 말은
이 무서운 겨울을
어떻게 견디고 있을까
살고 있을까

아우터뱅크스*로 간다

때묻은 영혼이 싫어서
상처를 달래기 위해서
다시 태어나기 위해서
자연의 고장
휴식의 고장
꿈의 고장
아우터뱅크스로 간다

세상의 시간은 똑같이 가는 것이 아니며
빨리 가는 시간이 있는가 하면
이곳처럼 느리게 가는 시간도 있다

우리가 생애에서 가장 그리는 사랑을 찾기 위해서
시간이 세상에서 가장 느리게 흐르는
아우터뱅크스로 우리는 간다

---

* 미국 노스 캐롤라이나 주의 동쪽 해안에 있는 긴 섬들.

양동 매화

별이 총총한 하늘을 이고
경주 양동 기와집서 자고난 아침
밤새 진 별들이
여기 맺혔다
그래 이곳이
회재*의 고향이렷다
이 겨울에 매화로 피는 걸 보니

---

*조선 중기의 대 유학자 이언적.

산음山吟

스님이 되고 싶은 내장산 단풍나무
눈부신 옷들을 모두 벗어 던지고
완전한 알몸이 되어 고행 속에 드누나

사자의 죽음

석양이 지고 그의 시대는 끝났다
그는 다리를 절며 호수를 찾았다
그만 나타나면 달아나기 바쁘던 초원의 초식 동물들도
이제는 그를 피하지 않았다
그는 한 모금의 물을 마시고
그늘을 찾아 떠났다
한 덤불의 풀에 무릎을 꿇은 그는
고통이 끝나기를 기다렸다
삶의 환희가 길었던 것처럼
죽음의 고통도 길었다
며칠의 낮과 며칠의 밤
헤일 수 없는 단말마의 뒤
마침내 그는 평화를 찾았다
위엄을 자랑하던 그의 몸은 해체되었고
주린 육식 동물들마저 더 이상 입을 대지 않는 육신은
벌레들에 의해 분해되었다
그가 주었던 무수한 죽음처럼
그에게도 죽음은 공평하였다

그것은 한 치의 오차도 없이
잔인하리만치 정확하였다

룩소에서의 하루

젖 떼자 팔려온 당나귀는
주인집 아들의 장난감이 되었다
1년 만에 수레를 끌었다
자기 몸보다 훨씬 큰 수레를 끌고
평생을 달리는 당나귀
푼돈에 사고 팔리는 너의 등짝은
매질에 성할 날이 없다
오늘도 풀 더미를 싣고
해 지는 나일강변을 달리는 너

룩소에서

이집트의 신들이여
이집트의 신들이여
이제는 이방인들에게
온몸을 드러내고
석상이 돼 버린
이집트의 신들이여
그대를 섬기던 인간들이 떠나간 자리
섬기는 자 없어도
신은 영원불멸임을
흙먼지 속에서 보여 주는 잔해
이집트의 신들이여

낙타

사막에서 낙타와 함께 사는 사람들은
낙타를 닮는다
그들은 낙타처럼 눈을 끔벅이고
낙타의 발처럼 두꺼운 발바닥을 지녔다
뜨거운 낮과 추운 밤
가난을 숙명으로 타고났지만
그들은 울지 않는다
화가 나면
낙타처럼 냄새나는 침을 뱉을 뿐
소금과 설탕을 좋아하는 죄로
그들은 낙타보다 그리 오래 살지도 못한다
돈을 모아 낙타를 사면
낙타가 그들을 부자로 만들어 주고
낙타보다 먼저 죽는 이들
그들이 먼저 가서
그들을 따라온 낙타를 타고 가는 곳이
이따금 산 사람들의 눈에도 나타나는
신기루라고 한다

살아서 뿐 아니라
죽어서도 함께 터벅터벅 사막을 걸어가는
낙타가 그들이며
그들이 곧 낙타이다

나일의 신

잠깐 잠들었을 때
프톨레마이오스 왕조 시대에 가 있었다
대왕 알렉산드로스의 시대는 끝나고
제국은 그의 부하들에 의해 산지사방으로 찢어진 시대
프톨레마이오스의 시대가 열리는 알렉산드리아를
보고 있었다
새로운 신의 시대가 열렸다
나일 신들의 나라에 와서
나일의 신이 된 프톨레마이오스
결혼을 하고, 싸움도 하고, 죄를 짓고, 보복도 하는
인간과 같은 나일의 신은
인간처럼 죽어 돌이 되었다
잠이 깨자
힘센 신에 밀려난 나일의 신들이
나귀도 타고, 물 담배도 피우면서
옛날처럼 나일강변에서 천연덕스럽게 살고 있었다

이집트 기행

이집트를 보았다는 것은 인류의 새벽을 보았다는 것이다
카이로, 룩소, 에드푸, 콤옴보, 아스완, 아부심벨, 알렉산드리아
새벽을 밝힌 빛을 발견한 놀라움이다
이집트를 보았다는 것은 세상에서 마지막 볼 것을 보아 버렸다는 것이다

나는 네게 이제 더 이상 감출 게 없다

여행

여행은 끝났다
나는 세상을 두루 구경하였다
더 이상 신기한 것은 없었다
신전은 자기 속에 있는 것
더 이상 헤맬 필요가 없다
비명 같은 목숨을 아끼고 사랑하고
부둥켜 안아야 한다
그것이 오랜 여행의 마지막 가르침이다

え제3부
성스러운 뼈

시

시란 참 하잘것없는 것이다
별볼일없는 것이다
삶을 돕기는 커녕
방해만 한다
허영이며 사치며
한갓 장식품이 되기도 한다
못생긴 얼굴에 분을 바르고 모델인 양 으스대면서
세상의 말을 오염시킨다

조심하라
네 주술에 네가 걸릴 수도 있다는 것을

상상력에 대하여

상상력은 힘이다
권력이다
눈물이다
피다
상상력은 창조의 어머니지만
상상력은 파괴의 대리인이 되기도 한다
상상력은 미덕이다
그러나 악덕이 되기도 한다
세상의 슬픈 상상력이여

성스러운 뼈

불에도 타지 않았다
돌로 찧어도 깨어지지 않았다
고운 뼈 하나를 발라내어
구멍을 뚫었다
입을 대고 부니 미묘한 소리가 났다
그 소리는
번뇌를 달래는 힘이 있었다
사랑를 북돋아 주진 못하지만
고통을 어루만지는 부드러운 힘
오직 사람의 뼈이어야만 했다
평생을 괴로워하면서 살아
그 괴로움이 뭉치고 뭉쳐
단단하고 단단하게 굳어진 것이어야만 했다
그 어떤 불로도 태우지 못하고
그 어떤 돌로도 깨지 못하는
견고한 피리 하나가 되기 위해선

내 곁에 오신 부처

기다리지 마
다음이란 없어
탁발 스님을 보았을 때 시주를 하고
걸인을 만났을 때 동전 하나라도 던져야 해
부처님은 다시는 오지 않아
오직 한 번
네 앞에 모습을 나타내신
그때를 놓치지 마
다음이란 없는 게야
다음이란

사라진 시

시가 사라졌다
오랜만에 몇 편 얻어 좋아했는데
분명히 있으리라고 생각했는데
아무리 찾아봐도 없다
이 녀석이 발이 있어 자박자박 걸어간 것일까
그러다가 휴지통에라도 구겨져 들어간 것일까
지금쯤 쓰레기가 되어 있을까
내 곁에 있으리라고 생각했을 땐 무심했는데
실종돼 버리자 너무 아득타
하긴 내게 종이가 너무 많았어
너무 많은 종이 속에 쌓여 살았어
버리는 게 일상사가 되고
그러다 보니
시가 쓰레기가 되고
무얼 버렸는지
무얼 갖고 있는지
이젠 내가 나를 믿지도 못해
나의 분신인지

나의 전부인지도 모를
종이 몇 장
시가 사라졌다

강아지

"어머, 귀여워"
복잡한 지하철 역에서 소녀 두엇이 외친다
아줌마가 들고 나온 상자에는
주먹만한 강아지 두 마리 꼬물거리고 있다
아직 젖도 떼지 못했을 어린 강아지를
소녀들은 조심스레 집어 올려 쓰다듬는다
이 어린 생명들은
이 낯선 상황을
전혀 두려워하지 않는다
상자 안을 아장아장 걷기도 하고
몸을 웅크려 목덜미를 발톱으로 긁기도 하며
손님 손에 얌전히 몸을 맡기기도 한다
"예쁘죠? 값도 싸요"
아줌마의 노력에도 불구하고
강아지는 팔리지 않고
가여운 귀여움만 한껏 뽐냈다

울음

지하철역에서 다 큰 처녀 아이가 애인으로 보이는 사내의 팔을 잡으며 울음을 터뜨렸다
사내는 쑥스러운 미소를 지으며 처녀를 데리고 인파 속으로 사라졌다
둘은 스무 살 남짓 돼 보였다
그 처녀 아이는 애인으로부터 헤어지자는 말이라도 들은 것일까
아니면 무슨 속상한 일이라도 있는 것일까
처녀야, 세상에는 이별도 많고 슬픈 일도 많다

'북치는 소년'이 들려오기 시작하는 세모의 충무로였다

여름

모내기 마친 논에
황새 한 마리
선 채로 졸고 있다
퐁당
뛰어든 개구리 한 쌍
와글 와글 와글 와글
여름이 왔다

축구

튄다
부딪친다
터진다
90분 내내 달리고
고뇌하고
환호한다
그들을 승부에 묶지 말라
젊음이 용솟음치는
경기장이
눈부실 때
우리의 삶은
헛되지 않았다는 걸 보여 주면서
튄다
부딪친다
터진다

설종보의 그림

그는 늘 집으로 가고 있다
월출산에서
다대포에서
때로는 이름 없는 고장에서
자전거를 타고
함지박을 이고
강아지와 더불어
어스름 저녁을 가고 있다
언제 어디서나
그를 기다리는 집
그곳은 고요와 평화
그곳은 사랑과 용서
고단한 노동의 뒤
포근한 휴식이 있는
그는 늘 집으로 향하고 있다

한영애의 굿

그녀는 왜 베를 찢는가
왜 몸으로 베를 찢는가
찢지 않을 수 없는
그 어떤 힘에 의해 베를 찢는가
찢어지는 아픔이 있어야
죽은 자들은 위로 받는가
찢어라 무녀여
온몸으로 찢어라
세상을 찢고
하늘을 찢고
마침내는 한마저 찢어 버려라
그리고는 풀려나리라
어렵고 어려운 시간을 건너
마침내는 훨훨 날아가리라
죽었다 다시 태어나는 무녀여
아름답구나

형제

내가 사는 동네에 희한한 일인 시위가 있다
한 사내가 우리 동네 주민인 자기 형이 얼마나 나쁜 사람인가를 고발하는 피켓을 들고 매일 서 있는 것이다
자기는 먹을 것도 없는데 형은 틈만 나면 아이들 데불고 비행기 타고 세계 여기저기를 여행한다는 것이다
자기를 제대로 도와주지 않는다는 것이다
형은 자기를 무시하며, 못살게 군다는 것이다
아내가 전하는 형 측의 말은 이랬다
자기는 도리를 다했다는 것이다
부모의 유산도 똑같이 나누었고, 못사는 동생에게 식량이며 돈도 갖다 주었다는 것이다
그런데 동생은 틱틱대고 거만하고 으스댄다는 것이다
남을 도와줬으면 고마워라도 할 텐데, 형제간이다보니 도움마저도 아니꼬워 한다는 것이다
그리고 형을 괴롭힐 궁리만 한다는 것이다
문을 걸어 잠그고 무슨 꿍꿍이 속인지 시비 거리만 만들어 내고 있다는 것이다
형제가 이렇게 다를 수가 있나?

한 쪽은 삶의 즐거움을 누리는데, 한 쪽은 한에 찬 증오를 키우고 있다
 우리 동네에는 논쟁이 일었다
 저런 동생은 응징해야 한다
 아니, 잘사는 형이 더 줘서 달래야 한다
 저러다 형제간에 큰일 나니 아예 형 쪽으로 합가를 시켜 버려야 한다
 시끄러운 논쟁은 아는지 모르는지
 오늘도 동생은 피켓을 들고 동구 밖에 서 있다

할미꽃

 언제부터 할머니가 그 황량한 산기슭에 살고 계셨는지 아는 사람은 없었다

 다 쓰러져 가는 움막 안에서 할머니가 무엇을 하며 살아가는지 관심을 갖는 사람도 없었다

 단지 할머니처럼 외로운, 정신이 좀 부실한 사내 하나가 이따금 할머니의 움막에 들르곤 했다

 언제 할아버지가 돌아가셨는지, 할아버지가 계시긴 했는지, 언제부터 할머니가 문밖 출입을 하지 않았는지 아는 사람도 없었다

 어느 날 정신이 부실한 사내가 할머니를 찾았을 때 평소와 달리 문이 안쪽으로 잠겨 있었고 섬돌에 흰 고무신이 먼지를 쓴 채 가지런히 놓여 있었다

 사내가 문을 부수고 들어서자 하얀 할머니가 이불을 덮고 잠자듯이 누워 있었다

 할머니의 머리맡에는 꽁꽁 묶은 파란 지폐 몇십 장이 놓여 있었다

 문득 사내가 외치는 소리 들렸다

 "우리 할머니 복 받으셨다"

복 받은 할머니는 할머니처럼 외로운 사내의 지게에 실려 더 깊은 산으로 떠나 버렸다

허수경의 감귤 농사

허수경이 재배한 감귤에서는 허수경의 맛이 난다
껍질은 왜 그리 두꺼운지
좀체로 틈입할 여유를 주지 않는다
그러나 속살은 달다
딱딱한 껍질을 벗기고
속살을 입에 넣으면
입 안 가득히 번지는 단맛과 제주 감귤의 향기
마음이 곱고 예쁜 그녀가
왜 그리 고생을 하는지
감귤 농사에 나선 허수경이 재배하는 감귤은
시장성은 없다고 한다
그러나 그녀가 송료를 물고 보내 주는 아는 사람들에겐
인기가 최고라고 한다

노래 불러 주는 남자
— 연극인 박정기 선생

그는 매일 아내와 함께 산에 오른다
아내가 그만 갔으면 하는 곳에 아내를 앉히곤
그는 노래를 부른다
그의 노래는 아내만을 위한 것이다
아내가 같은 노래를 듣는 것을 싫어하기 때문에
그는 끊임없이 새 노래를 준비한다

  병원에서 포기했던 암 환자인 그의 아내는 자연 치유 요법으로 많이 나았다 한다

지하철

저 먼 어둠의 끝에서부터
어르렁거리며 달려와
식식대며 서는
굵고 긴 뱀의 옆구리 틈새로
사람들이 내리고 타고
다시 까마득한 어둠 속으로
아무런 공포도 없이
빨려 들어가는
무모한 사람 사람들

봉변

부처님의 제자가 큰일을 저질렀다
지하철 정거장
쭈그리고 앉은 장삼 자락 아래
돌바닥 위에
좌악 퍼져 버린 황토색 액체
마음이 아니라
몸도 다스리지 못한
부처님의 제자가
무수한 중생들이 왕래하는 지하철 정거장에서
봉변을 당하고 있다

영정

평소 그의 정장한 모습을 자주 보지 못했던 나는
단정하게 넥타이를 맨 그가 딴 사람처럼 보였다
격정적이던 그가 그렇게 차분한 면모도 갖고 있다는
것을 처음 알았다
뭇 사람의 절을 말없이 받고 있는 그는
차라리 신비로웠다
그렇게 그는 좋아졌는데
그날 이후 그를 볼 수 없었다

사랑 노래

먼 산에 비가 올 때
그대를 생각는다
안개가 앞을 가리면
그대를 사랑한다
햇빛에 길이 열리면
슬픈 이별 또 하나

나를 찾아 떠난 길
서로 말은 없어도
끝내는 혼자 가는 길
외로울 것 없어도
이 밤을 잠 못 이룸은
서릿발 같은 저 달 탓

설일雪日

서러운 사람들의 눈물이 흩뿌린 날
갈피를 못 잡는 맘 지향 없이 떠돌다가
어쩌나
하얀 비명에 소스라쳐 멈추다

울고 또 울어도 인생은 적막강산
흰 눈이 뒤덮은 산하의 끝은 없고
멈추다 다시 걸어도 첩첩산중 회오리

또다시 일어나 내딛는 걸음 따라
끝없는 번민처럼 흩날리는 몸부림
세상은 감춰졌어도 드러나는 붉은 살

작품 해설

아름다운 노인이 쓰는 성스러운 뼈와 같은 시

문 홍 술

(문학평론가 · 서울여대 교수)

1

유자효 시인이 열 번째 시집을 상재한다. 일찍이 소년 문사로 이름을 떨치면서 고등학교 시절 각종 백일장을 휩쓸다가, 1967년 〈신아일보〉 지상 백일장 시조 입상, 1968년 〈신아일보〉 신춘문예 시 입선, 1972년 『시조문학』 4회 추천으로 등단한 이후, 첫 시집 『성 수요일의 저녁』을 1982년에 상재하면서부터 2007년 지금까지 열 권의 시집과 다수의 산문집을 발간했다. 1972년을 정식 등단 시기로 잡는다면, 시작 활동 35년 동안 3년에 한 권꼴로 시집을 발간했다는 것인데, 이는 결코 쉬운 일이 아니다. 더구나 2002년에 편운문학상과 후광문학상을 수상하고, 2005년에 「세한도」로 정지용문학상을 수상한 것까지 염두에 둔다면 그간의 시작 활동이 어떠했는지를 대강은 짐작할 수 있을 것이다.

　이번 시집은 1947년생인 시인이 회갑을 맞이하는 해에 간행되는 것이기에 본인에게 매우 뜻 깊은 일이 아닐 수 없고, 나아가 시단에서도 경사스러운 일이 아닐 수 없다. 시인에게서 회갑은 그동안의 시 세계를 되돌아보는 반성의 자리이자, 지금까지의 시 세계를 일층 성숙시키면서 동시에 앞으로 개척해 나갈 새로운 시적 지평을 예비하는 새 출발의 자리임에 분명하다. 그런데 시인 유자효에게서 회갑은 그런 일반적인 의미를 지니면서, 동시에 남들과는 다른 특별한 의미를 지니는 것으로 보인다. 시인은 이번 시집의 서문에서 다음과 같이 밝히고 있다.

> 그동안 살아온 60년은 교육받은 27년, 그리고 사회적으로 활동한 33년이었다.
> 나는 방송인으로 살았다.
> 그 시간은 외형적 삶에 치중한 기간이었다.
> 이제 나는 30여 년의 여행을 끝내고 나의 내면으로 관심과 시선을 옮기려 한다.
> 그래서 시집의 제목을 '여행의 끝'으로 했다.

　열 권의 시집을 상재한 시인이 1974년 KBS 기자로 입사한 후 지금까지 33년 동안 자신은 방송인으로 살아왔다고 고백하면서, 그 삶을 외형적 삶에 치중한 여행에 비유하고, 앞으로는 그런 여행을 끝내고 내면으로 관심과 시선을 옮기겠다고 말하고 있다. '여행의 끝'이 갖는 의미는 무엇인가?

꽃밭 같은 세상에서 60년을 살아 보니
꽃이었던 40년
꽃을 가꾼 20년
이제는 꽃을 보면서 행장이나 여밀까

내 평생 써 온 글이 이제 보니 종이 한 장
그나마 지우고 지워 남은 건 글자 몇 자
그마저 버리고 나니 텅 빈 시간 60년
―「회갑」 전문

'꽃밭 같은 세상 60년'과 '텅 빈 시간 60년'이 대비되고 있다. 이 두 가지 대비되는 삶은 '방송인'과 '시인'으로 동시에 살아온 유자효의 양면적인 삶의 모습으로 읽힐 수 있다. 사실 그는 시인으로서, 또 방송인으로서의 삶을 지금까지 살아오면서 많은 갈등을 해 왔다. 그 스스로 방송인과 시인이라는 양면적인 삶을 두고 "지상적 현실과 천상적 이상 사이에서 찢어진 삶을 살아온 것"이라 하였다. "방송인으로서의 생업과 방송인 이전에 만났던 시인으로서의 길, 이 두 길의 불화가 20대 후반부터 오늘에 이르기까지 끊임없이 저를 괴롭혀 온 요인"이라 하면서, "현실적 필요성과 내면이 갈구하는 세계" 사이에서 갈등하면서 살아온 삶이 지금까지의 삶이라 하고 있다.

이런 입장에서 위 시에 접근하면, 방송인의 입장에서는 '꽃밭' 같은 화려한 외형적인 삶을 살아왔지만, 시인으로서는 '텅 빈' 시간을 살아왔다는 의미로 해석될 수 있다. 앞서 살펴본 시인으로서의 유자효의 이력을 염두에 둔다면, 이러한 진술은 너무 겸손한 표현이 아닐 수 없다. 그러나 중요한 것은 시인으로서 유자효 스스로 지난 60년의 삶을 '텅 빈' 시간으로 여기고 있다는 측면이다. 방송인으로서는 성공했을지 모르지만, 시인으로서는 스스로 느끼기에 부족한 면이 너무 많다는 뼈아픈 자책을 하고 있는 것이다.

유자효에게서 방송은 '현실적 삶'이고 '생업'인 반면에 시는 '이상'이자 '내면이 갈구하는 세계'에 해당한다. 여느 시인과 마찬가지로 그에게 젊었을 때 시는 구원의 수단이었다. 그는 시를 통해 현실로부터 탈출하고자 했고, 정신적 구원을 이루고 싶어 했다. 그래서 시인이 되었다. 그러나 현실적 생활을 무시할 수 없다. 현실적 생활을 하면서 내면의 이상적 가치를 동시에 추구해야 한다.

하지만 현실 생활로서의 방송과 내면의 이상세계로서의 시, 이 상반되는 측면을 아우르기란 쉽지 않을 것이다. 그 스스로 방송은 시와 분명히 다르다고 하면서, 방송의 세계를 두고 "각박한 세계이고, 시간도 없으며, 사고 자체가 정확해야 하는 산문적인 세계"라 언급하고 있다. 그의 이런 언급이 아니더라도 방송의 세계와 시의 세계가 합일되기 어렵다는 것은 누구나 인정할 터이다.

무엇보다 시는 자아와 세계의 동일화를 추구한다. 현실세계가 자아와 세계의 대립을 그 근간으로 삼음에 반해 시는 자아와 세계의 합일을 추구한다. 그러면서 시는 무시간성을 그 핵으로 삼는다. 시인은 시간의 잡다한 체험을 선택하고 결합해서, 이를 어느 한 순간 속에 강렬하고도 집약된 형태로 압축하여 새로운 통일체를 창조한다. 이를 통해 시는 자아와 세계가 분리되어 대립, 갈등하면서 비인간화와 사물화로 치달리는 삭막한 우리 사회의 모순을 비판하고 치유하면서 보다 인간다운 삶을 추구한다.

방송의 여러 순기능이 많겠지만, 시와 관련하여 볼 때 방송은 분명 시가 추구하는 세계와 대척점에 있는 것이 분명하다. 정보사회의 총아라 할 수 있는 방송과 그 정보사회의 모순을 극복하고자 하는 시는 어쩌면 결코 섞일 수 없는 물과 기름과 같은 대립적 요소일 것이다. 이런 측면에서 방송인으로서의 삶에 충실하면서 동시에 시인으로서의 삶에 충실하는 것은, 마치 전혀 성질이 다른 두 대상을 동시에 사랑하는 것과 같다. 그러기에 이질적인 두 대상을 동시에 사랑한다는 것은 어느 한 쪽을 속이는 위장 전술 없이는 불가능한 일인지도 모른다.

> 60년 동안
> 시는 나의 변명이었다
> 위장이었다
>
> 마침내 백일하에
> 그 빈약한
> 실체가 드러난
> 내 가엾은 인생
>
> ―「고백」전문

이 고백은 일단은 정직하다. 방송인으로서의 유자효의 화려

한 이력을 보면 그러하다. 그의 또 다른 고백에 의하면, 방송국에서 시를 쓴다고 하면 무슨 외계인을 보듯이 한다고 한다. '저 친구는 시를 쓰니까 방송일은 대충대충 할 것이다'는 선입견이 지배하는 곳, 따라서 그런 곳에서 시를 쓰는 것이 얼마나 어렵겠냐고 그는 말하고 있다.

그렇다면 정말 그의 60년 삶에서 시는 '변명'이자 '위장'에 불과한 것일까? 방송인으로서의 유자효를 보다 멋있게 포장하기 위한 수단으로 시인 행세를 하면서 시를 취미삼아 끼적거려 온 것일까? 실제로는 시를 그렇게 사랑하지 않으면서 시를 매우 사랑하는 척 위장함으로써, 남들 보기에 방송과 시를 모두 사랑하는 멋있는 사람으로 보이도록 자신을 치장한 것일까? 그 위장된 사랑의 결과, 60년 동안 시로부터 얻은 것이 아무것도 없는 것일까?

2

그런데 시인은 이번 시집 서문에서, "나는 시가 내 삶의 장식이라고는 생각하지 않았다. 절실한 외침이 나의 시였다."라고 강조하고 있다. '변명과 위장으로서의 시'와 '절실한 외침으로서의 시' 중 어느 것이 진실인가?

유자효는 방송인으로서의 삶을 내팽개치고 시인으로서의 삶만을 걷고자 결심한 적이 있다. 그때가 40대 파리 특파원 시절이다. 그 시절 그는, 외국 작가들이 그들이 명예롭게 전념해 오던 사회적 직무를 어느 순간 청산하고 자신의 선택에 의해 자연 속으로 깊이 들어가 명상과 집필에만 전념하는 모습을 보았다. 그는 부러움과 충격을 느끼고, 귀국 후 자신도 전업작가의 길을 걸으려 하였다. 그러나 귀국 후 아버지의 투병과 죽음, SBS의 탄생(초대 정치부장)과 이적 등과 같은 피치 못할 사정 때문에 이를 실행에 옮기지 못하고 만다. 그래서 지금까지 방송인과 시인이라는 양자의 길을 걸어왔다. 그리고 지금까지 걸어온 그 길을 그는 후회는 하지 않는다고 했다.

> 시란 참 하잘것없는 것이다
> 별볼일없는 것이다
> 삶을 돕기는커녕
> 방해만 한다
> 허영이며 사치며
> 한갓 장식품이 되기도 한다
> 못생긴 얼굴에 분을 바르고 모델인 양 으스대면서
> 세상의 말을 오염시킨다
>
> 조심하라
> 네 주술에 네가 걸릴 수도 있다는 것을
> ―「시」 전문

이 시를 표면적으로 읽으면 시를 비하하는 것에 해당한다. 그러나 행간을 통해 그 속내를 파고들면 시에 대한 방송인 유자효의 지극한 사랑과 애정을 읽을 수 있다. 방송하는 입장에서 보면 시는 참 하잘것없는 것이다. 방송인으로서 현실적인 삶을 살아가는 것을 돕기는커녕 방해만 한다. 시는 그에게 방송일을 하면서 잊고 있던 젊은 시절의 이상, 내면의 순수함, 인간적인 측면을 항상 떠올리게 한다. 그는 방송을 하면서 방송의 맨얼굴을 한다. 그 맨얼굴은 정보사회의 총아의 그것에 다름 아니다. 그것은 시의 세계와 거리가 멀다. 시를 떠올리면 방송일을 제대로 할 수 없다. '네가 왜 이런 일을 하고 있는 것일까'라는 회의와 후회가 엄습한다. 그래서 시는 그의 생업을 방해한다. 시만 아니면 방송의 논리를 보다 더 성실하게 추구할 것이고, 방송하는 일에 대한 자책 따위는 하지 않을 것이다. 마음의 번민이나 고통 따위도 없을 것이다. 그저 방송일에 충실하면서 돈을 벌고 여행을 다니고 그렇게 편안한 삶을 살 수 있을 것이다. 그러나 그는 그렇게 하지 못한다. 시를 너무도 사랑하기 때문이다. 시인으로서 그는 방송의 맨얼굴을 감히 마주 대할 수 없다. 마주 대하는 그 순간 그는 시인의 순수한 영혼을 잃어버릴 것 같다. 방송과 시를 동시에 사랑하는 법은 무엇일까? 그것은 시가 자리할 틈이 없는 방송일에서 시를 몰래 가슴에 품고 그 시를 통해 방송의 맨얼굴을 화장시키는 것이다. 더불어 방송의 언어를 시의 언어로 오염시킨다.

방송일을 하면서 방송일을 시로 화장하고 장식시키고 오염시키는 것. 그것이 방송인이자 시인으로서의 유자효가 택한 방법이다. 직설적으로 말하자. 유자효는 늘, 언제나 가슴속에 시에 대한 깊은 애정과 열정을 품고, 방송일을 포함해서 현실에서 그 무엇을 하던 간에 모든 일에 시적 주술을 거는 것이다.

그 시적 주술이 허용하는 한도 내에서 모든 일에 최선을 다하는 삶을 살아왔다.

어쩌면 이 방법이야말로 어쩔 수 없이 전업작가 되기를 포기한 그가 택할 수 있는 가장 최선의 방법일지 모른다. 물론 시를 전업으로 삼는 이에게는 이러한 방법이 현실타협적인 태도로 비칠 수도 있을 것이다. 하지만 생활을 해야 한다는 것, 그리고 그 생활의 터전이 시의 세계와 너무 멀리 떨어져 있다는 것, 그러면서 시를 절대 포기할 수 없다는 것을 염두에 둘 때, 유자효가 선택한 방법이야말로 시에 대한 그의 깊은 애정을 드러내는 중요한 한 표지에 해당할 것이다. 시적 주술에 걸려 그 주술을 끝없이 되풀이하면서 살아온 삶, 그것이 방송인이자 시인으로서의 유자효의 삶이다. 그러기에 시는 그에게 있어서 '수단'이 아니라 '처절한 외침'이다. 방송일을 하면서 시를 통해 자신이 진정 추구하고자 하는 내면의 이상적 삶을 끝까지 유지하는 것은 아무나 쉽게 할 수 있는 영역이 아니다.

그렇다면 그는 왜 그토록 끝까지 시인으로 남고자 하는 것일까? 시는 도대체 그의 삶에서 어떤 의미를 지니는 것일까? 무엇보다 그에게서 시는 세상을 아름답게 하는 것이다. 어느 대담에서 그는, 착하고 순한 사람들이 어려움 속에서 꿋꿋하게 살아가는 모습이 이 세상을 이끌어 간다면서, 사회에는 악덕도 있고 모순도 있지만 보이지 않는 선의의 힘이 세상을 유지한다고 강조한다. 그러면서 그는 나이가 들면서 세상은 본질적으로 아름다운 것임을 느낀다고 하였다. 이에 입각하여 그는 시의 기능 중 가장 큰 것이 인간과 세상을 아름답게 하는 일이라고

한다. 인간과 세상을 아름답게 하는 시, 그 시로 자신의 삶을 아름답게 하고, 나아가 세상을 아름답게 하고자 하는 것, 그것이 그의 시관이다.

그래서 그는 방송일을 하면서도 시를 끝까지 사랑하고 치열하게 갈망함으로써, 자칫 황폐해질 수 있는 삶을 인간미 넘치는 아름다운 삶으로 만들고, 아름다운 시를 쓰고, 그런 삶과 시를 통해 세상을 아름답게 밝히고자 한다. 방송국에서든 일상생활에서든, 그는 인간과 세상을 아름답게 할 수 있는 것들을 시적 대상으로 포착한다. 그 대상은 일상의 평범한 시선으로 그냥 포착되는 것이 아니다. 그것은 이른바 '개의 눈'(「개」, 『성자가 된 개』, 시학, 2006)이 될 때 가능하다. "이름 없는 무수한 성자 중의 하나가/ 개가 되어 여인을 인도"하는 것, 그것이 시인의 시작 방법이다. 시에 대한 순수한 열정을 내면에 간직한 '어진 개'가 되어 그 '어진 개'의 '눈'으로 소외되고 상처받은 이들의 아픔과 함께 하고, 그들을 따뜻한 인간미로 감싸 안는 것, 그것이 그의 시작 방법이다. 어렵고 힘든 상황에서도 인간다운 품성을 잃지 않는 이들을 통해 자신이 추구하는 시적 이상을 확인하고 그것을 시화하면서, 자신의 삶과 세상을 아름답게 채색해 가는 것이다.

이 시적 방법론이 환하게 빛을 발하는 대목이 바로 정지용 문학상 수상작인 「세한도」(『성자가 된 개』)이다. 추사의 '세한도'를 대상으로 한 이 시에서 시인은, 유배지에 있는 추사와 자신을 동일시하고, "고통스런 유배의 삶 속에서 절망으로 피워낸 정신의 승리"(김재홍)를 '절제의 미학'으로 시화하고 있다.

유배지의 고통스런 삶을 극복한 추사의 삶이나, 방송인(유배지)으로 살면서 시인(정신)이기를 끝까지 포기하지 않은 유자효의 삶은 이 지점에서 등가를 이룰 수 있지 않을까?

'어진 개의 눈'이 되어 대상을 포착하고, 그 대상을 통해 때로는 서술의 형식으로, 때로는 절제의 미학으로 자신의 시적 세계를 투사하면서 인간과 세상을 아름답게 하고자 하는 그의 시작 방법은 이번 시집에 실린 시들(특히 2부, 3부의 시들)에도 그대로, 혹은 다소간 변형된 형태로 적용되고 있다. 지하철역에서 본 강아지를 통해(「강아지」), 또는 청춘 남녀를 통해(「울음」), 「설종보의 그림」과 「한영애의 굿」을 통해, 「허수경의 감귤 농사」와 연극인 박정기 선생(「노래 불러 주는 남자」)을 통해, 그는 인간다운 아름다움이 넘치는 삶을 포착해 내고 그것에 자신의 시적 정신을 투사하여 시화한다.

"과장된 황폐나 증오가 없고, 순함, 순박함, 편안함, 말하자면 가치 긍정적인 인간미, 우호 서정이 그의 시를 지탱시키고 있다."(김남조)는 평가나, "별다른 기교가 없고 깊은 사색을 읊은 것 같지도 않으며, 읽는 이의 마음을 편안하게 하면서 가만히 자기에게 타이르는 그런 시"(김윤식)라는 평가나, "전체적으로 인간적 훈기가 넘치며, 인간에 대한 긍정적 인식과 따스함을 느낄 수 있다."(이숭원)는 평가 등은 그의 시가 갖는 이러한 특성에 기인하는 것으로 보인다. 나 역시 그의 여덟 번째 시집 『아쉬움에 대하여』를 두고, 부조리한 현실을 따뜻한 관조의 시선으로 감싸 안는다고 평한 바 있는데, 이러한 평가는 이번 시집에도 그대로 적용되어도 무방할 것 같다.

그렇다면, 시인으로서 살아온 삶이 '텅 빈 시간'이라는 시인의 진술은 '거짓'이면서 또한 '참'일 수 있다. 지금까지 그의 시가 황폐한 우리 시대에 상실된 인간적인 따스함을 지속적으로 환기시켜 주고 있기에 그 진술은 '거짓'이다. 그러면서 시인은 이제 기존의 시 세계를 질적으로 변용시킨, 어쩌면 새롭다 할 수 있는 시 세계를 개진하려고 하기에 그 진술은 또한 '참'이다. '참'인 이유를 보자.

3

회갑을 맞이하면서 시인은 이제 삶과 시에서 어떤 질적 전환을 꾀하려고 한다. 그것은 다음 두 가지 측면으로 제시되어 있다. 먼저 '아름다운 노인' 되기이다.

> 오늘 내가 생각하는 것은 조화이다. 갈등은 지난 세월로 충분하다. 앞으로는 내 속에 조화의 정신을 갖고자 한다. 그것이 시인으로, 방송인으로 살아온 요즘의 나의 생각이다.
> 어떤 절대적인 존재가 내게 40대로 돌아가라, 30대로 돌아가라며 기적의 문을 열어 준다고 해도 나는 응하지 않을 것이다. 나는 현재가 좋다. 40대의, 30대의 그 불안과 고통이 나는 싫다.
> 최근에 이사한 집에서는 매일 낙조를 볼 수 있다. 낙조는 일출보다 아름답다. 가을은 봄보다 아름답다. 세상의

모든 것은 끝나갈 때가 아름답다. 사람도 노인이 청년보다
아름답다. 그 정신의 세계는 더욱 그러하다.
　　나는 아름다운 노인이 되고 싶다.
　　　　　　　　　　　　　―「찢어짐 또는 조화」 부분

'낙조'와 '가을'처럼 60세는 쓸쓸하게 사그라져 가는 나이지만, 시인은 나이 든 자만이 지닐 수 있는 아름다운 정신세계를 추구하고자 한다. 시인에게서 그 정신세계는 갈등이 아니라 조화를 추구하는 세계이다. 그런 세계를 추구하는 '아름다운 노인'이 되고자 하는 것, 그것이 첫 번째 측면이다. 어떻게 조화를 추구하는 '아름다운 노인'이 될 수 있는가?

이번 시집의 제1부에 실린 시편들을 통해, 시인은 그동안 살아온 삶을 되돌아보고 있다. 나이가 들면서 시인은 고독과 불안으로 불면의 밤을 하얗게 지새우기도 하고(「불면」), 지금까지 살아온 삶에 대한 회한에 젖기도 하고(「어려운 질문」), 돌아가신 아버지(「아침 식사」)와 어머니(「젊은 어머니」)를 애틋하게 그리워하기도 하고, 아내와 자식에 대한 사랑과 미안함 (「부부」, 「못」)을 드러내기도 한다. 그러면서 시인은 지금까지 "사랑한다면서 아프게 하고/ 사랑한다면서 울리고/ 사랑한다면서 괴롭히는"(「사랑의 실체」) 삶을 살아왔다는 뼈아픈 자책감에 빠져든다. 이러한 회한과 자책감은 아마도 방송인으로, 시인으로 살아오면서 갈등한 지난 세월이 남긴 상흔일 것이다. 이제 이들을 어떻게 조화시킬 것인가?

절망에 찬 울음
나는 당신을 사랑합니다
견디기 힘든 고통
나는 당신을 사랑합니다
가누지 못하는 연민
나는 당신을 사랑합니다
일상이 돼 버린 불면
나는 당신을 사랑합니다
내 병을 똑같이 앓으시는
당신을 사무치게 사랑합니다
　　　　　　　　　　—「사랑합니다」 전문

'당신'은 '절망, 울음, 고통, 연민, 불면' 등으로 '마음의 병'을 앓고 있다. '나'는 그런 '당신'과 똑같은 병을 앓고 있고, 그래서 '당신'을 '사무치게' 사랑한다. 여기서 '당신'을 방송일을 하는 시인으로 보자. '당신'은 방송일을 하면서 시를 너무도 사랑한다. 하지만 결코 합일될 수 없는 양자 사이의 거리로 인해 갈등하면서 깊은 '마음의 병'을 앓고 있다. 그런 '당신'을 '나'는 이제껏 모른 척 해 왔다. 그러나 이제 '당신'이 앓고 있는 '마음의 병'이 곧 '나'의 '병'임을 깨닫는다. 그래서 '사무치게' '당신'을 사랑한다고 고백할 수 있다. 이 고백의 순간, '나'는 '당신'이 되고, '당신'은 '나'가 된다.

'나' 속에 있는 또 다른 '나'로서의 '당신'이 앓고 있는 '마음의 병'을 받아들이는 자리, 이 자리가 바로 시인의 의식의 지향점이 자신의 내면세계로 향하는 자리이다. '나'는 지금껏

'나'의 내면에 있는 또 다른 '나'인 '당신'을 숨기어 왔다. 시에 미치지 않은 척, 시로 인해 마음의 병을 앓고 있지 않는 척하면서 시를 써 왔다. 그래서 '어진 개의 눈'으로 시적 대상을 포착하고 그것을 시화하면서 세상을 아름답게 가꾸고자 했다.

그러나 이제는 '당신'을 숨길 필요가 없다. '당신'이 '나'이고 '나'가 '당신'이라는 것을 깨달았기 때문이다. 그 순간 방송인과 시인으로 갈라져 갈등하던 '나'의 내면은 그것을 극복하고 양자를 조화시킬 수 있는 단계로 진입한다. 그 조화는 양자를 단순히 균형 있게 결합시키는 것이 아니다. 그 조화는 시에 대한 지극한 열정을 있는 그대로 표출하고, 그 시적 열정 속에 양자를 용해시킴으로써 가능하다. 따라서 더 이상 시에 대한 열정을 숨겨서는 안 된다. '나'의 내면에 꿈틀대는 시에 대한 절절한 애정과 열정을 고스란히 드러내어야 한다. 시로 인한 절망, 시로 인한 고통, 시로 인한 연민, 시로 인한 불면, 시를 통해 세상을 아름답게 하고자 하는 갈망, 그로 인한 '마음의 병'을 있는 그대로 '사무치게' 사랑하면서, 그것을 있는 그대로 표출해야 한다. 그런 내면의 고통스런 성찰을 통해, 해가 지면 밤이 오고 새로운 해가 돋듯이, 가을이 가면 겨울이 오고 새봄이 오듯이, 그렇게 지난 갈등을 극복하고 시와 삶이 새롭게 조화를 이룰 수 있는 세계로 나아갈 수 있다. 그 나아감의 출발선인 '고통스런 내면을 드러내는 시'를 쓰는 것, 그것이 두 번째 측면이다. 그것은 '성스러운 뼈'와 같은 시로 연결된다.

불에도 타지 않았다

돌로 찧어도 깨어지지 않았다
고운 뼈 하나를 발라내어
구멍을 뚫었다
입을 대고 부니 미묘한 소리가 났다
그 소리는
번뇌를 달래는 힘이 있었다
사랑을 복돋아 주진 못하지만
고통을 어루만지는 부드러운 힘
오직 사람의 뼈이어야만 했다
평생을 괴로워하면서 살아
그 괴로움이 뭉치고 뭉쳐
단단하고 단단하게 굳어진 것이어야만 했다
그 어떤 불로도 태우지 못하고
그 어떤 돌로도 깨지 못하는
견고한 피리 하나가 되기 위해선

—「성스러운 뼈」 전문

"평생을 괴로워하면서 살아/ 그 괴로움이 뭉치고 뭉쳐/ 단단하고 단단하게 굳어진" '견고한 피리'와 같은 시, 그것이 '성스러운 뼈'와 같은 시이다. 그것은 '불로도 태우지 못하고 돌로도 깨지 못하는' 것으로, 시에 대한 형언할 수 없는 열정으로 괴로워하면서 살아온 시인의 내면에 이미 굳어져 있거나, 혹은 서서히 굳어 가고 있는 것이다. 그것을 드러내는 것은, 시인이 되고자 했고, 끝까지 시인으로 남고자 하면서, 시에 대한 절절한 사랑을 괴롭고도 고통스럽게 잉태해 온 시인의 내면을 온전히 드러내는 것에 다름 아니다.

　회갑의 나이에 나온 이번 시집이 시인 유자효에게 특별한 의미를 지니는 것은 이 때문이다. 그는 시인으로서 '텅 빈 시간'을 살아온 것이 아님에도 불구하고 그렇게 살아왔다고 고백하였다. 이 고백은 그가 최근 자주 말하던 '완성도 높은 한 편의 시'를 쓰고자 하는 갈망과 관련이 있을 것이다. 지금까지의 그의 시에서도 '완성도 높은 한 편의 시'를 많이 찾을 수 있다. 하지만 시인은 이에 만족하지 않고 새로운 질적 변환을 통해 우리에게 새로운 '완성도 높은 한 편의 시'를 제공하고자 한다. '아름다운 노인'이 쓴 '성스러운 뼈'와 같은 시를.

　그래서 이번 시집은 독자로서의 우리에게도 특별한 의미를 띠면서 큰 감동으로 다가온다. 회갑의 나이에도 불구하고, 시의 지평을 더욱 넓고 깊게 개진해 나가려는 시인의 모습에서 시에 대한 끝없는 열정과 사랑을 새삼 확인할 수 있지 않은가?